Impressum
Verlag: BABADADA GmbH, Nedderfeld 112 , 22529 Hamburg
Geschäftsführer / Verlagsleitung: Harald Hof
Druck: Books on Demand GmbH, In de Tarpen 42, 22848 Norderstedt

Imprint
Publisher: BABADADA GmbH, Nedderfeld 112 , 22529 Hamburg, Germany
Managing Director / Publishing direction: Harald Hof
Print: Books on Demand GmbH, In de Tarpen 42, 22848 Norderstedt, Germany

AF205357

Szkoła
škola

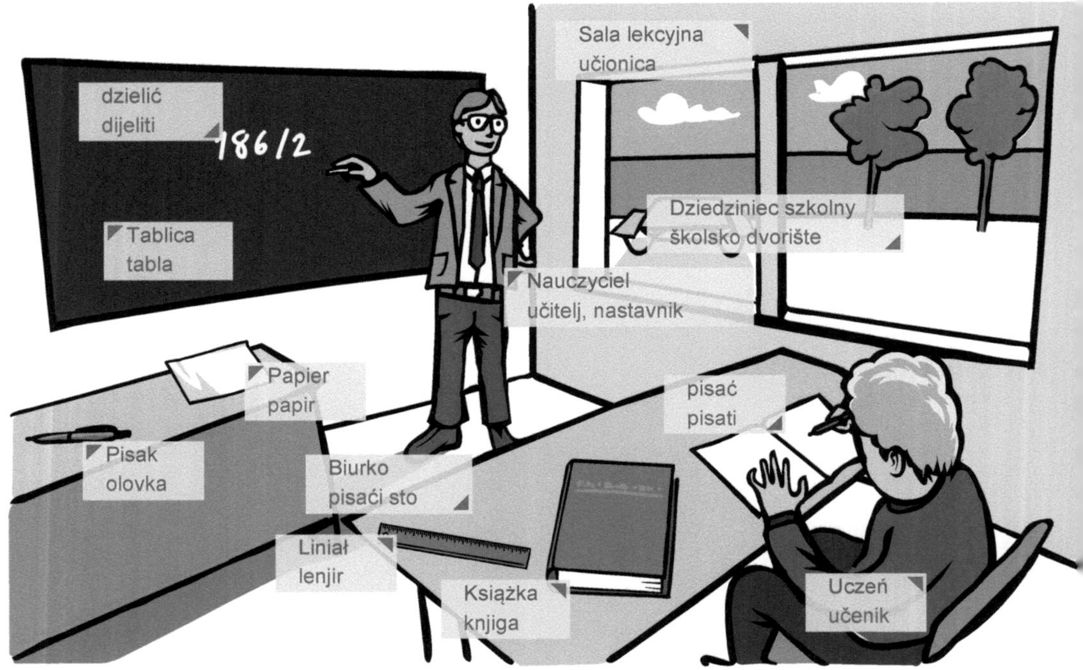

Sala lekcyjna
učionica
dzielić
dijeliti
186/2
Tablica
tabla
Dziedziniec szkolny
školsko dvorište
Nauczyciel
učitelj, nastavnik
Papier
papir
pisać
pisati
Pisak
olovka
Biurko
pisaći sto
Liniał
lenjir
Książka
knjiga
Uczeń
učenik

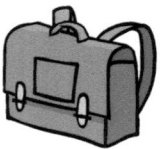

Plecak szkolny

torba

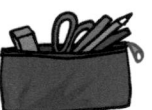

Piórnik

pernica

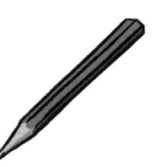

Ołówek

drvena olovka

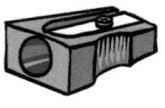

Temperówka

šiljalo za olovke

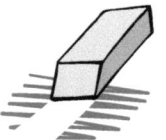

Gumka do mazania

gumica

Blok rysunkowy

blok za crtanje

Rysunek

crtež

Pędzel

kist

Pudełko z akwarelami

kutija s bojama

Nożyce

makaze

Klej

ljepilo

Książka do ćwiczenia

vježbanka

Zadanie domowe

domaća zadaća

Liczba

broj

dodawać

sabirati

odejmować

oduzimati

mnożyć

množiti

liczyć

računati

Litera

slovo

Alfabet

abeceda

Słowo

riječ

Tekst

tekst

czytać

čitati

Kreda

kreda

Godzina

sat

Dziennik lekcyjny

školski dnevnik

Egzamin

ispit

Świadectwo

svjedočanstvo

Mundurek szkolny

školska uniforma

Wykształcenie

izobrazba

Leksykon

leksikon

Uniwersytet

univerzitet

Mikroskop

mikroskop

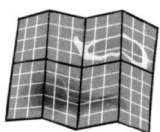

Mapa

karta

Kosz na odpadki

korpa za papir

Podróż
putovanje

Hotel
hotel
Grand
Schronisko
hostel
ROOMS
Kantor wymiany walut
mjenjačnica
Walizka
kofer
Auto
auto

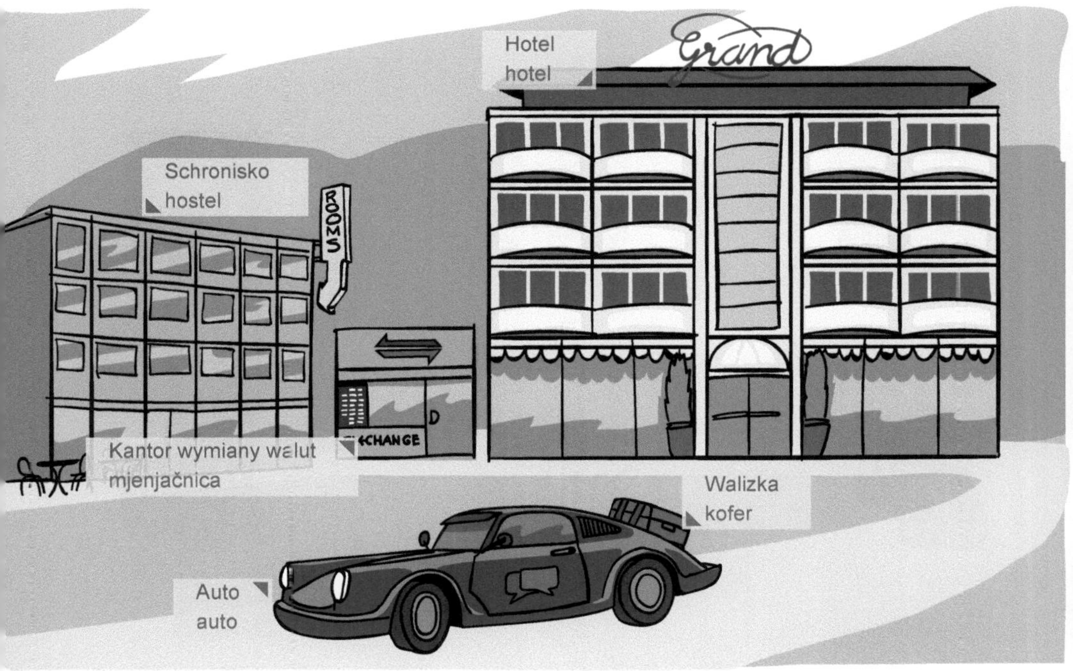

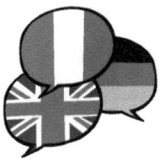

Język
jezik

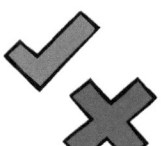

tak / nie
da / ne

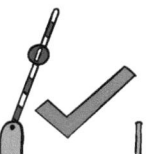

OK
okej

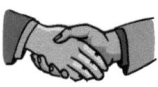

Halo
zdravo

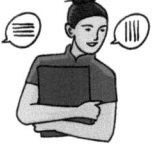

Tłumacz
tumač

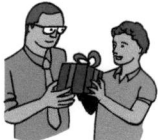

Dziękuję
hvala

Ile kosztuje ...?

Koliko košta...?

Nie rozumiem

Ne razumijem

Problem

problem

Dobry wieczór!

dobro veče!

Dzień dobry!

Dobro jutro!

Dobranoc!

Laku noć!

Do widzenia

doviđenja

Kierunek

smjer

Bagaż

prtljag

Torba

torba

Plecak

ruksak

Gość

gost

Pokój

soba

Śpiwór

vreća za spavanje

Namiot

šator

Informacja turystyczna

turističke informacije

Plaża

plaža

Karta kredytowa

kreditna kartica

Śniadanie

doručak

Obiad

ručak

Kolacja

večera

Bilet

putna karta

Winda

lift

Znaczek na list

poštanska markica

Granica

granica

Cło

carina

Ambasada

ambasada

Wiza

viza

Paszport

pasoš

Transport
transport

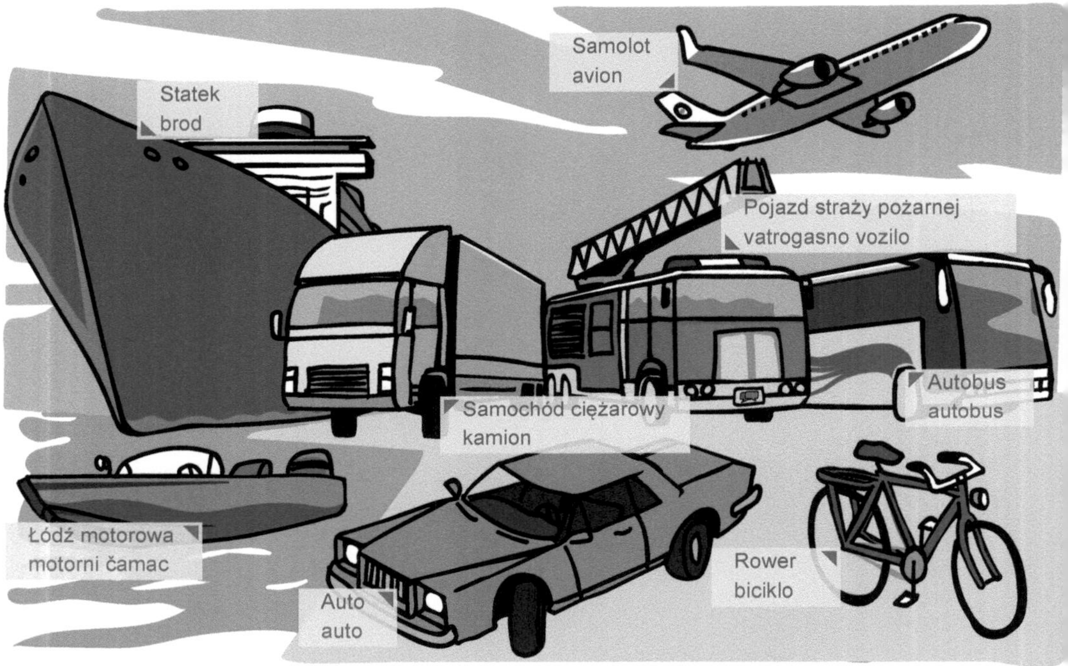
Samolot
avion
Statek
brod
Pojazd straży pożarnej
vatrogasno vozilo
Autobus
autobus
Samochód ciężarowy
kamion
Łódź motorowa
motorni čamac
Rower
biciklo
Auto
auto

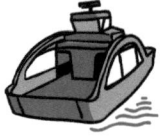

Prom
trajekt

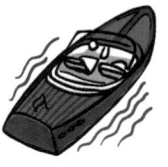

Łódź
brod

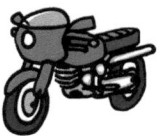

Motocykl
motocikl

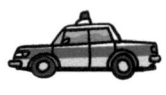

Radiowóz policyjny
policijski automobil

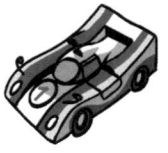

Samochód wyścigowy
trkaći automobil

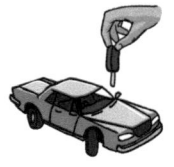

Samochód wypożyczony
unajmljeni automobil

Wspólne przejazdy
samochodem
kar-šering

Samochód pomocy
drogowej
pauk

Śmieciarka

smećarsko vozilo

Silnik

motor

Benzyna

gorivo

Stacja benzynowa

benzinska pumpa

Znak drogowy

saobraćajni znak

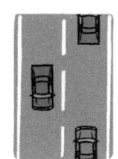

Ruch

saobraćaj

Korek

zastoj

Parking

parking

Dworzec

željeznička stanica

Szyny

šine

Pociąg

voz

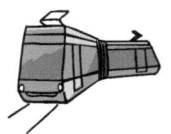

Tramwaj

tramvaj

Wagon

vagon

Helikopter

helikopter

Lotnisko

aerodrom

Wieża

toranj

Pasażer

putnik

Kontener

kontejner

Karton

karton

Taczka

tačke

Kosz

korpa

startować / lądować

poletjeti / sletjeti

Miasto
grad

Wieś

selo

Centrum miasta

centar grada

Dom

kuća

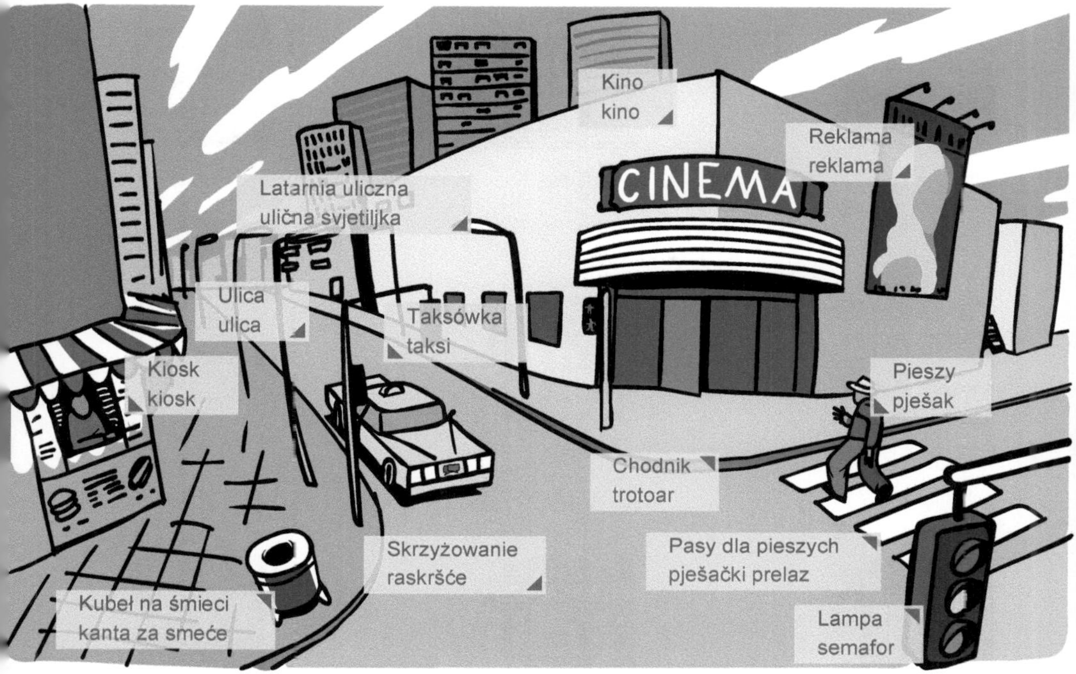

Kino
kino

Reklama
reklama

Latarnia uliczna
ulična svjetiljka

CINEMA

Ulica
ulica

Taksówka
taksi

Pieszy
pješak

Kiosk
kiosk

Chodnik
trotoar

Skrzyżowanie
raskršće

Pasy dla pieszych
pješački prelaz

Kubeł na śmieci
kanta za smeće

Lampa
semafor

Chata
....
koliba

Mieszkanie
....
stan

Dworzec
....
željeznička stanica

Ratusz
....
vjećnica

Muzeum
....
muzej

Szkoła
....
škola

Uniwersytet

univerzitet

Bank

banka

Szpital

bolnica

Hotel

hotel

Apteka

apoteka

Biuro

ured

Księgarnia

knjižara

Sklep

radnja

Kwiaciarnia

cvjećara

Supermarket

supermarket

Rynek

pijaca

Dom towarowy

robna kuća

Sklep z rybami

prodavač ribe

Centrum handlowe

trgovački centar

Port

luka

Park

park

Ławka

klupa

Most

most

Schody

stepenice

Metro

podzemna željeznica

Tunel

tunel

Przystanek autobusowy

autobuska stanica

Bar

bar

Restauracja

restoran

Skrzynka na listy

poštanski sandučić

Tabliczka z nazwą ulicy

saobraćajni znak

Parkometr

sat za naplatu parkinga

Zoo

zološki vrt

Łaźnia

bazen

Meczet

džamija

Gospodarstwo chłopskie

seosko imanje

Zanieczyszczenie
środowiska
zagađenje okoline

Cmentarz

groblje

Kościół

crkva

Plac zabaw

igralište

Świątynia

hram

Krajobraz
krajolik

Liść
list

Drogowskaz
putokaz

Droga
putokaz

Łąka
livada

Kamień
kamen

Drzewo
drvo

Wędrowiec
putnik

Rzeka
rijeka

Trawa
trava

Kwiat
cvijet

Dolina

dolina

Góra

brdo

Jezioro

jezero

Las

šuma

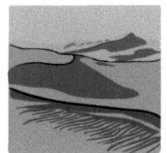

Pustynia

pustinja

Wulkan

vulkan

Zamek

dvorac

Tęcza

duga

Grzyb

gljiva

Palma

palma

Komar

komarac

Mucha

muha

Mrówka

mrav

Pszczoła

pčela

Pająk

pauk

Chrząszcz

buba

Żaba

żaba

Wiewiórka

vjeverica

Jeż

jež

Zając

zec

Sowa

sova

Ptak

ptica

Łabędź

labud

Dzik

divlja svinja

Jeleń

jelen

Łoś

los

Tama

brana

Wiatrak

vjetrenjača

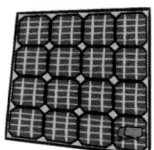

Moduł solarny

solarni modul

Klimat

klima

Restauracja
restoran

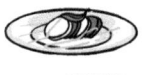

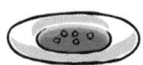

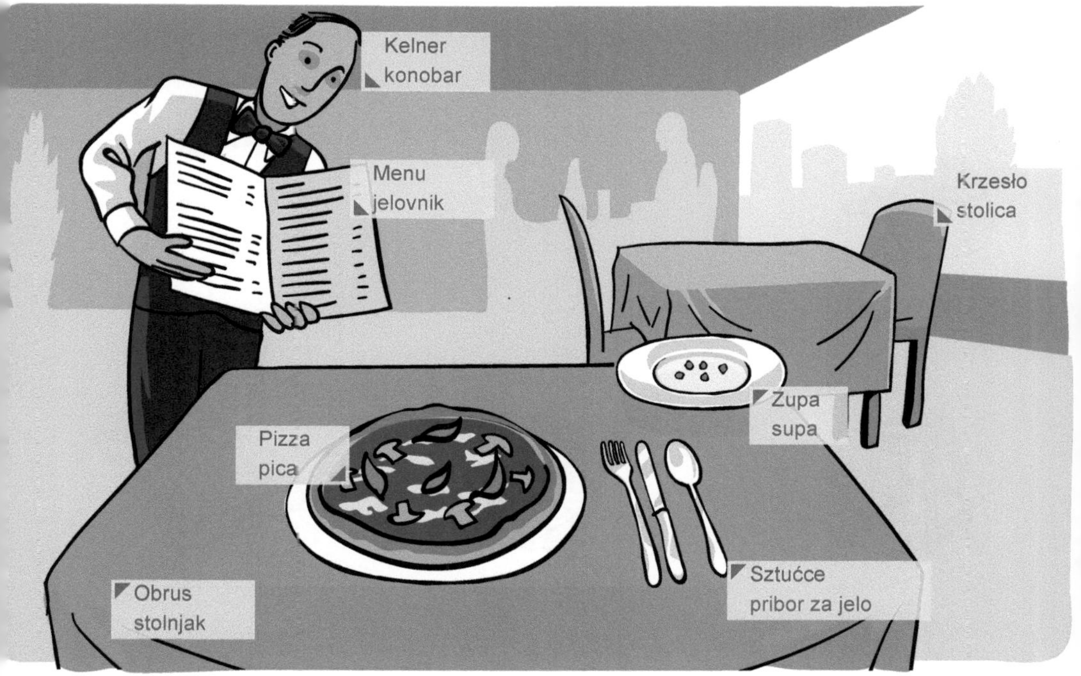

Kelner
konobar
Menu
jelovnik
Krzesło
stolica
Zupa
supa
Pizza
pica
Obrus
stolnjak
Sztućce
pribor za jelo

Przystawka
predjelo

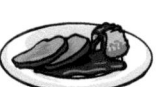

Danie główne
glavno jelo

Deser
desert

Napoje
piće

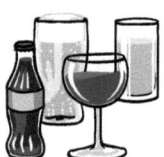

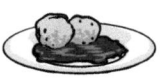

Jedzenie
jelo

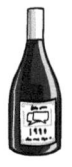

Butelka
flaša

Fastfood

brza hrana

Streetfood

jelo sa ulice

Dzbanek na herbatę

čajnik

Cukierniczka

šećernica

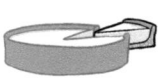

Porcja

porcija

Zaparzarka do espresso

mašina za espreso

Krzesło dla dziecka

barska stolica

Rachunek

račun

Taca

tacna

Noż

nož

Widelec

viljuška

Łyżka

kašika

Łyżeczka

kašičica

Serwetka

salveta

Szklanka

čaša

Talerz

tanjir

Talerz do zupy

tanjir za supu

Podstawek pod filiżankę

tanjurić

Sos

sos

Solniczka

solanik

Młynek do pieprzu

mlin za biber

Ocet

sirće

Olej

ulje

Przyprawy

začini

Keczup

kečap

Musztarda

senf

Majonez

majoneza

Supermarket
supermarket

Oferta
ponuda
FOR
Klient
klijent
Produkty mleczne
mliječni proizvodi
Owoce
voće
Wózek sklepowy
kolica za kupovinu

BUTCHERS

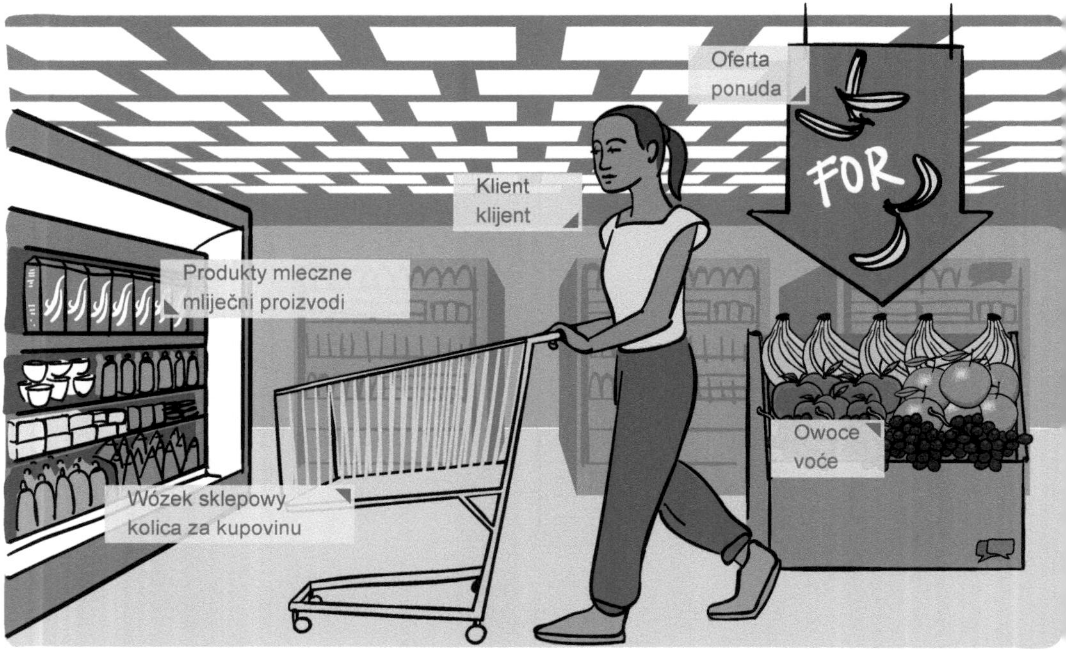

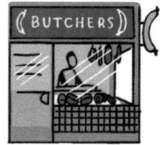

Rzeźnia

mesnica- klaonica

BAKERY

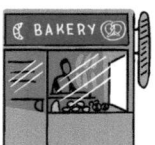

Piekarnia

pekara

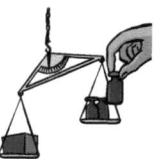

ważyć

vagati

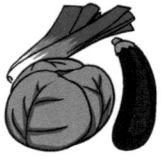

Warzywa

povrće

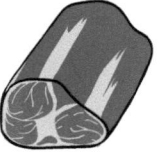

Mięso

meso

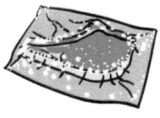

Mrożonki

zaleđena hrana

Wędliny

narezak

Konserwy

konzerve

Proszek m do prania

prašak za veš

Słodycze

slatkiši

Artykuły użytku domowego

kućanski proizvodi

Środek czyszczący

sredstvo za čišćenje

Sprzedawczyni

prodavačica

Kasa

kasa

Kasjer

blagajnik

Lista zakupów

lista za kupovinu

Godziny otwarcia

radno vrijeme

Portfel

novčanik

Karta kredytowa

kreditna kartica

Torba

torba

Torebka plastikowa

najlonska vrećica

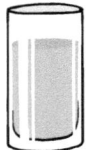

Woda

voda

Sok

sok

Mleko

mlijeko

Cola

kola

Wino

vino

Piwo

pivo

Alkohol

alkohol

Kakao

kakao

Herbata

čaj

Kawa

kafa

Espresso

espreso

Cappuccino

kapućino

Banan

banana

Jabłko

jabuka

Pomarańcza

narandža

Arbuz

lubenica

Cytryna

limun

Marchew

mrkva

Czosnek

bijeli luk

Bambus

bambus

Cebula

crveni luk

Grzyb

gljiva

Orzechy

orašasti plodovi

Makaron

pasta

Spaghetti

špagete

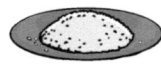

Ryż

riža

Sałatka

salata

Frytki

pomfrit

Ziemniaki pieczone

pečeni krompir

Pizza

pica

Hamburger

hamburger

Kanapka

sendvič

Sznycel

šnicla

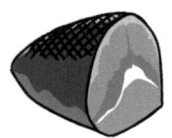

Szynka

šunka

Salami

kobasica

Kiełbasa

kobasica

Kura

kokoš

Pieczeń

pečenje

Ryba

riba

Płatki owsiane

zobene pahuljice

Musli

muzli

Płatki kukurydziane

kornfleks

Mąka

brašno

Croissant

kroason

Bułka

zemičke

Chleb

kruh

Toast

tost

Ciastka

keksi

Masło

maslac

Twarożek

svježi sir

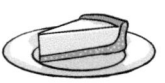

Ciasto

kolač

Jajko

jaje

Jajko sadzone

jaje na oko

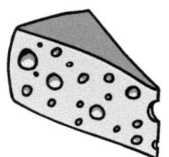

Ser

sir

Lody

sladoled

Cukier

šećer

Miód

med

Marmolada

marmelada

Krem nugatowy

nugat krema

Curry

kuri

Gospodarstwo chłopskie

seosko imanje

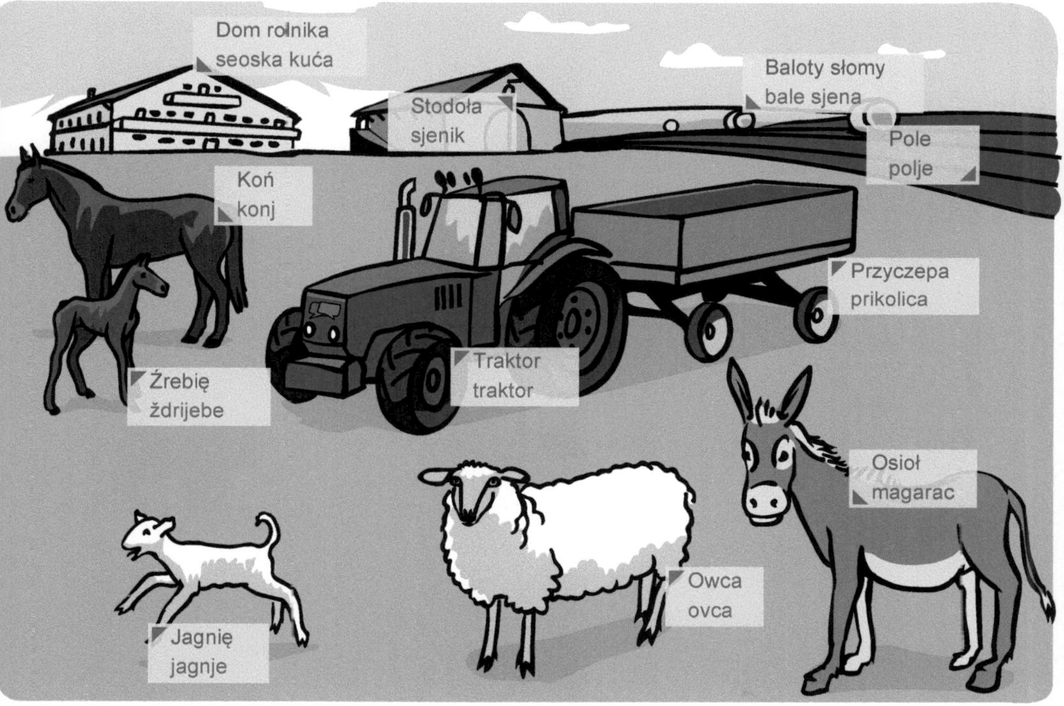

Dom rolnika
seoska kuća
Stodoła
sjenik
Baloty słomy
bale sjena
Pole
polje
Koń
konj
Przyczepa
prikolica
Traktor
traktor
Źrebię
ždrijebe
Osioł
magarac
Owca
ovca
Jagnię
jagnje

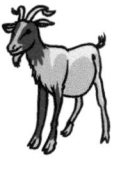

Koza

koza

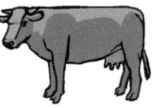

Krowa

krava

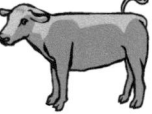

Cielę

tele

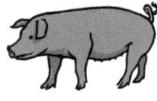

Świnia

svinja

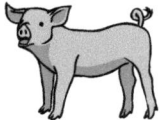

Prosię

prase

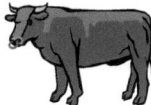

Byk

bik

Gęś

guska

Kaczka

patka

Kurczątko

pile

Kura

kokoška

Kogut

pjetao

Szczur

pacov

Kot

mačka

Mysz

miš

Osioł

vol

Pies

pas

Buda dla psa

pseća kućica

Wąż ogrodowy

crijevo za baštu

Konewka

kanta za zalijevanje

Kosa

kosa

Pług

plug

Sierp

srp

Graca

motika

Widły

vile

Siekiera

sjekira

Taczka

tačke

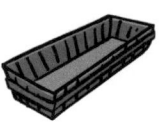

Koryto

korito

Kanka na mleko

bokal za mlijeko

Worek

vreća

Płot

ograda

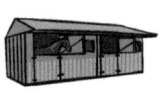

Stajnia

štala

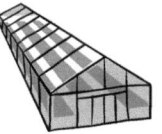

Szklarnia

staklenik

Ziemia

tlo

Nasiona

sjeme

Nawóz

đubrivo

Kombajn zbożowy

kombajn

zbierać

kositi

Żniwa

żetva

Podchrzyn

jam korijen

Pszenica

pšenica

Soja

soja

Ziemniak

krompir

Kukurydza

kukuruz

Rzepak

uljana repica

Drzewo owocowe

drvo voća

Maniok

manioka

Zboże

žito

Dom
kuća

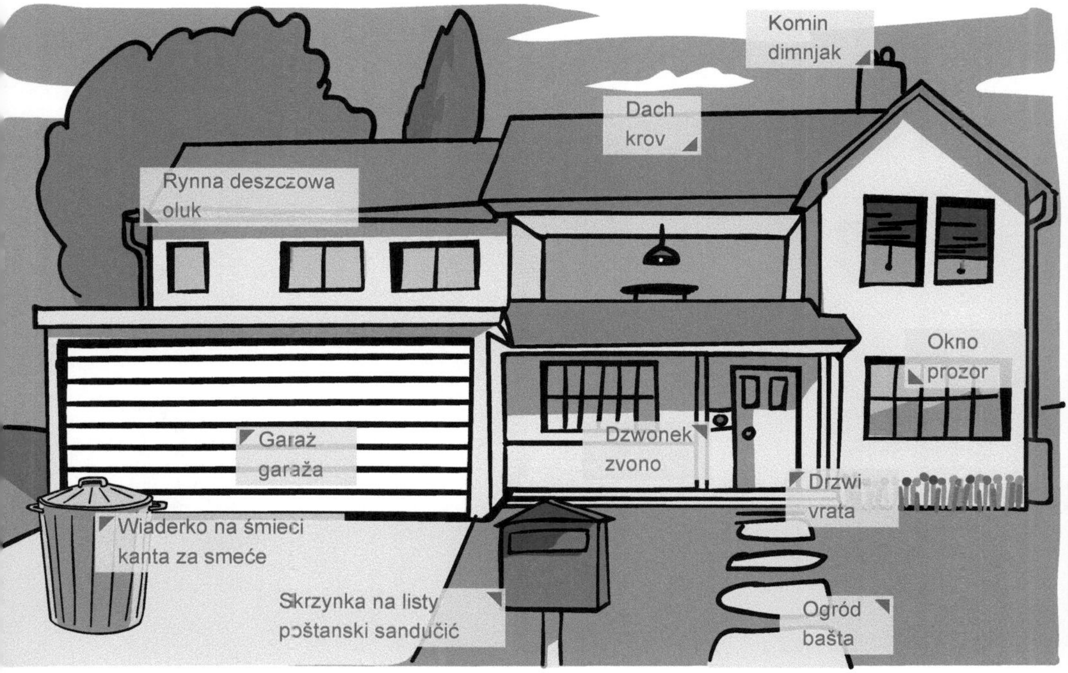
Komin
dimnjak
Dach
krov
Rynna deszczowa
oluk
Okno
prozor
Garaż
garaža
Dzwonek
zvono
Drzwi
vrata
Wiaderko na śmieci
kanta za smeće
Skrzynka na listy
poštanski sandučić
Ogród
bašta

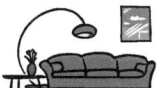

Pokój dzienny

dnevni boravak

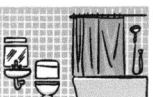

Łazienka

kupatilo

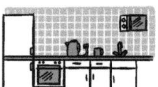

Kuchnia

kuhinja

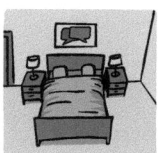

Sypialnia

spavaća soba

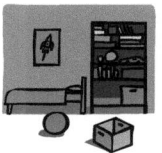

Pokój dziecięcy

dječija soba

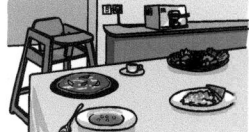

Jadalnia

trpezarija

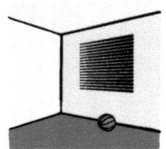

Ziemia

pod, tlo

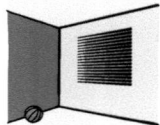

Ściana

zid

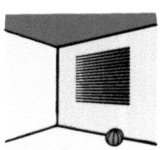

Koc

plafon

Piwnica

podrum

Sauna

sauna

Balkon

balkon

Taras

terasa

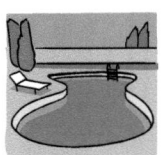

Basen

bazen

Kosiarka do trawy

kosilica

Poszwa

posteljina

Kołdra

pokrivač

Łóżko

krevet

Miotła

metla

Wiadro

kanta

Włącznik

prekidač

Pokój dzienny
dnevni boravak

Tapeta
tapeta
Obraz
fotografija
Lampa
lampa
Regał
polica
Szafa
ormar
Telewizor
televizija
Komin
dimnjak
Kwiat
cvijet
Poduszka
jastuk
Kanapa
kauč
Wazon
vaza
Pilot
daljinski upravljač

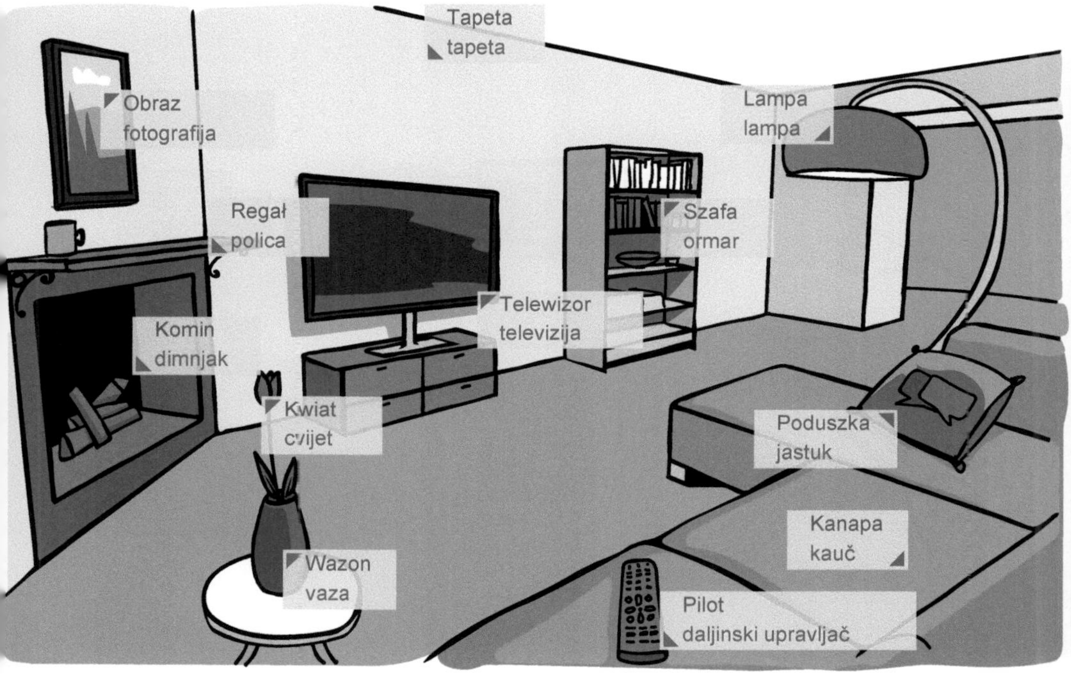

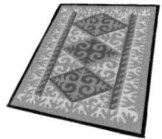

Dywan

tepih

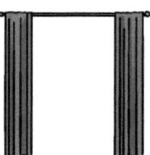

Zasłona

zavjesa

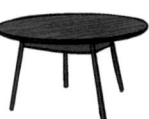

Stół

stol

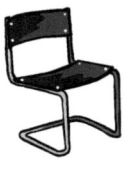

Krzesło

stolica

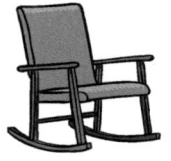

Bujak

stolica za ljuljanje

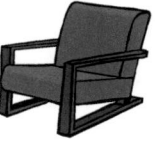

Fotel

fotelja

Książka

knjiga

Sufit

deka

Dekoracja

dekoracija

Drewno kominkowe

ložno drvo

Film

film

Instalacja stereo

stereo uređaj

Klucz

ključ

Gazeta

novine

Malunek

umjetnička slika

Plakat

poster

Radio

radio

Notatnik

blok za bilješke

Odkurzacz

usisavač

Kaktus

kaktus

Świeczka

svijeća

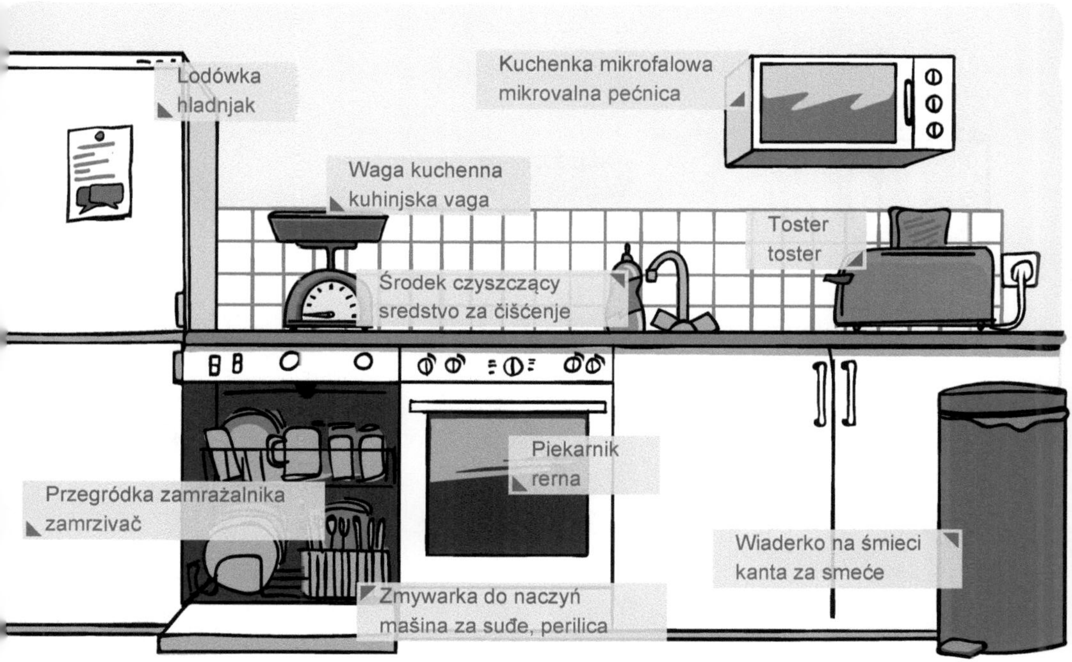

Lodówka
hladnjak

Kuchenka mikrofalowa
mikrovalna pećnica

Waga kuchenna
kuhinjska vaga

Toster
toster

Środek czyszczący
sredstvo za čišćenje

Piekarnik
rerna

Przegródka zamrażalnika
zamrzivač

Wiaderko na śmieci
kanta za smeće

Zmywarka do naczyń
mašina za suđe, perilica

Kuchenka

peć

Garnek

lonac

Kocioł żeliwny

metalni lonac

Wok / Kadai

vok / kadai

Patelnia

tava, tiganj

Czajnik

kuhalo

Parowar

aparat za kuhanje na pari

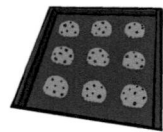

Blacha do pieczenia

lim za pečenje

Naczynia kuchenne

posuđe

Kubek

šalica

Miska

činija

Pałeczki

kineski štapići

Nabierka

kutlača

Łopatka do smażenia

lopatica

Trzepaczka do śmietany

metlica za snijeg bjelanjca

Cedzak

sito za kuhanje

Sitko

sito

Tarka

ribež

Moździerz

avan s tučkom

Grillowanie

roštilj

Palenisko

ložište

Deska

daska

Wałek do ciasta

oklagija

Korkociąg

vadičep

Puszka

konzerva

Otwieracz do puszek

otvarač za konzerve

Ściereczka do trzymania garnka

krpe za lonac

Umywalka

sudoper

Szczotka

četka

Gąbka

spužva

Mikser

mikser

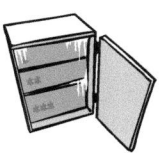

Zamrażarka

zamrzivač

Butelka dla niemowlęcia

flašica za bebu

Kran

slavina

Łazienka
kupatilo

Ogrzewanie
grijanje
Ręcznik
peškir
Prysznic
tuš
Kotara prysznicowa
zavjesa za tuš
Płyn do kąpieli
pjenušava kupka
Wanna kąpielowa
kada
Szklanka
čaša
Pralka
mašina za veš
Kran
slavina
Kafelki
pločice
Nocnik
dječja kahlica
Umywalka
sudoper

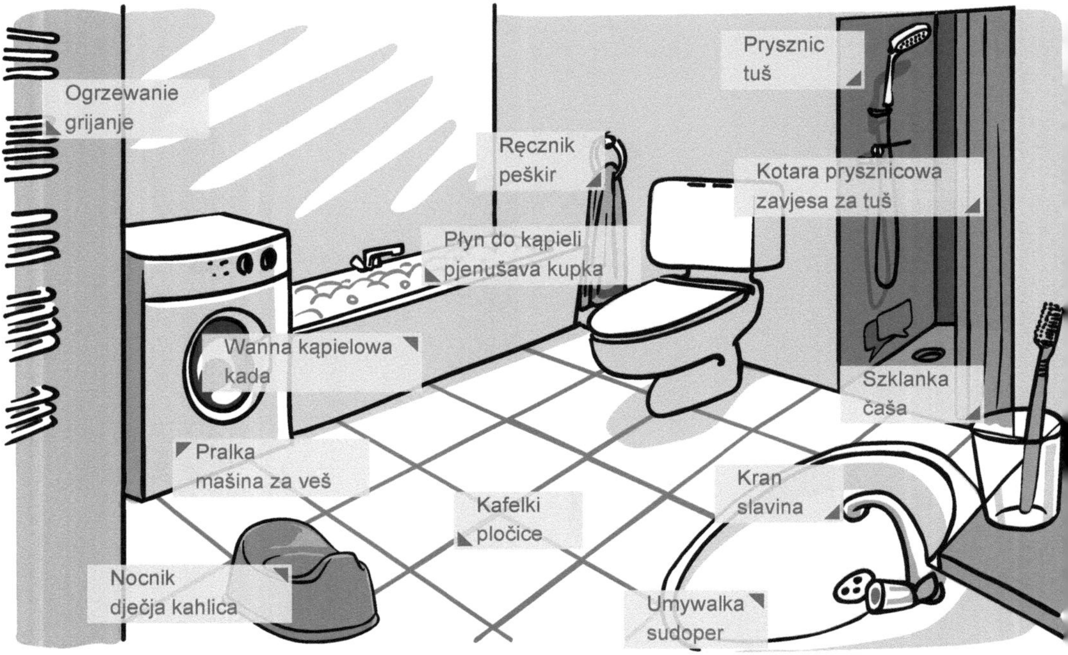

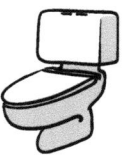

Toaleta

toalet

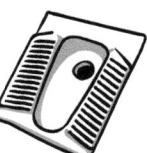

Toaleta kuczna

čučavac

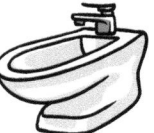

Bidet

bide

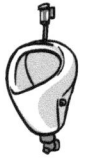

Pisuar

pisoar

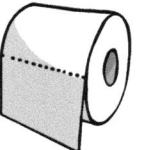

Papier toaletowy

toalet papir

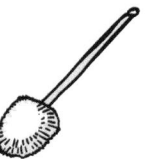

Szczotka toaletowa

četka za wc

Szczoteczka do zębów

četkica za zube

Pasta do zębów

pasta za zube

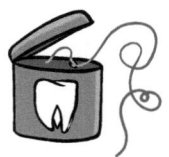

Nitki do czyszczenia zębów

zubni konac

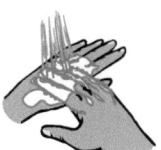

myć

prati

Głowica prysznicowa

tuš

Płyn kąpielowy do higiery intymnej

intimni tuš

Miska do mycia

lavor

Szczotka kąpielowa

četka za leđa

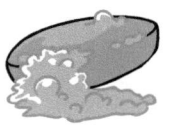

Mydło

sapun

Żel prysznicowy

gel za tuširanje

Szampon

šampon

Rękawica kąpielowa

krpe za pranje

Odpływ

odvod

Krem

krema

Dezodorant

dezodorans

Lustro

ogledalo

Lustro kosmetyczne

ogledalo za šminkanje

Golarka

brijač

Pianka do golenia

pjena za brijanje

Woda po goleniu

vodica poslije brijanja

Grzebień

češalj

Szczotka

četka

Suszarka do włosów

fen

Spray do włosów

sprej za kosu

Makijaż

puder

Pomadka

karmin

Lakier do paznokci

lak za nokte

Wata

vata

Nożyczki do paznokci

makazice za nokte

Perfum

parfem

Kosmetyczka

kozmetička torbica

Taboret

hoklica

Waga

vaga

Szlafrok kąpielowy

kupaći ogrtač

Rękawice gumowe

rukavice za čišćenje

Tampon

tampon

Podpaska damska

uložak za dame

Toaleta chemiczna

hemijski toalet

Pokój dziecięcy
dječija soba

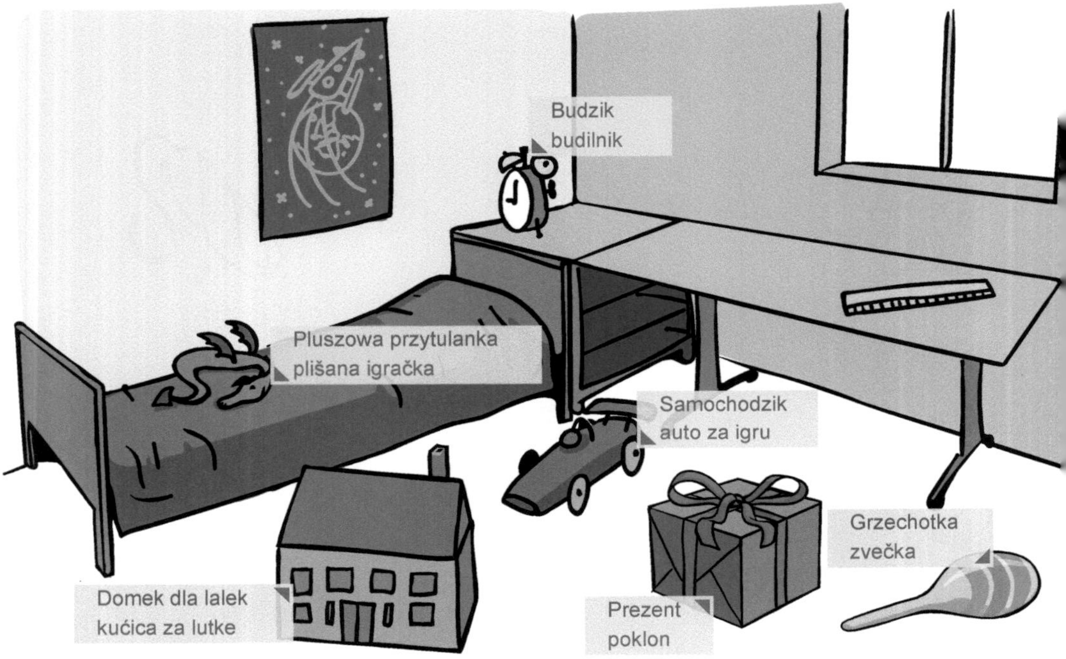

Budzik
budilnik
Pluszowa przytulanka
plišana igračka
Samochodzik
auto za igru
Grzechotka
zvečka
Domek dla lalek
kućica za lutke
Prezent
poklon

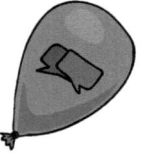

Balon
balon

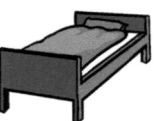

Łóżko
krevet

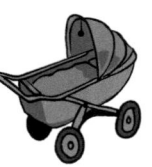

Wózek dziecięcy
kolica za djecu

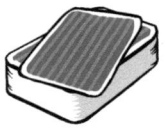

Gra w karty
karte za igranje

Puzzle
puzle

SUPER
MEGA

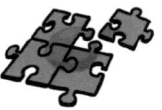

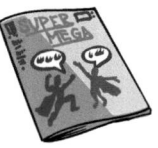

Komiks
strip

Klocki lego

lego kockice

Klocki

kockice za gradnju

Action figura

akcione figure

Śpioszek dziecięcy

benkica

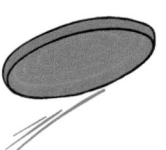

Frisbee

frizbi

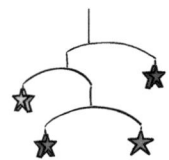

Zabawki ruchome

mobile

Gra planszowa

igra na ploči

Kości

kocka

Kolejka elektryczna

miniatura željeznice

Smoczek

cucla

Przyjęcie

zabava

Książka z ilustracjami

slikovnica

Piłka

lopta

Lalka

lutka

bawić się

igrati

Piaskownica

pješćanik

Huśtawka

ljuljačka

Zabawki

igračke

Konsola do gier

konzola za igru

Rowerek trójkołowy

triciklo

Pluszowy miś

medvjedić

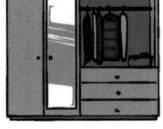

Szafa ubraniowa

ormar

Skarpety

kratke čarape

Pończochy

čarape

Rajstopy

hulahopke

Szal
šal

Parasol
kišobran

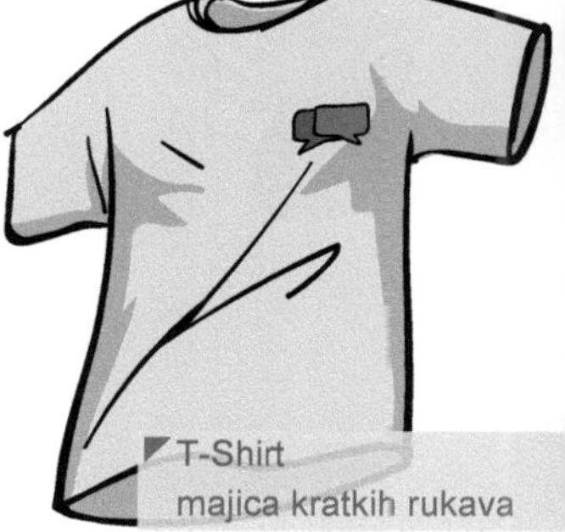

Pasek
kaiš

T-Shirt
majica kratkih rukava

Kozaki
čizme

Pantofle domowe
papuče

Obuwie sportowe
patike

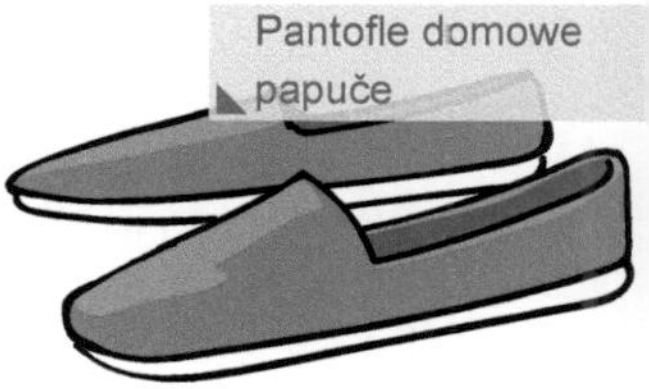

Sandały

sandale

Buty

cipele

Kalosze

gumene čizme

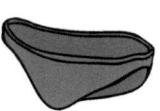

Majtki

gaće

Biustonosz

grudnjak

Podkoszulek

potkošulja

Body
bodi

Spodnie
hlače

Dżins
farmerke

Spódnica
suknja

Bluzka
bluza

Koszula
košulja

Pulower
dżemper

Bluza sportowa
majica

Marynarka
sako

Kurtka
jakna

Płaszcz
mantil

Płaszcz przeciwdeszczowy
kišni mantil

Kostium
kostim

Sukienka
haljina

Suknia ślubna
vjenčanica

Garnitur męski

odijelo

Koszula nocna

spavaćica

Piżama

pidžama

Sari

sari

Chusta na głowę

marama

Turban

turban

Burka

burka

Kaftan

kaftan

Abaya

abaja

Strój kąpielowy

kupaći kostim

Kąpielówki

kupaće gaće

Krótkie spodnie

kratke hlače

Dres sportowy

trenerka

Fartuch

pregača

Rękawiczki

rukavice

Guzik

dugme

Okulary

naočare

Bransoletka

narukvica

Łańcuszek

ogrlica

Pierścionek

prsten

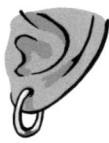

Kolczyk

naušnica

Czapka

kapa

Wieszak

vješalica

Kapelusz

šešir

Krawat

kravata

Zamek błyskawiczny

patentni zatvarač

Kask

kaciga

Szelki

tregeri za hlače

Mundurek szkolny

školska uniforma

Mundur

uniforma

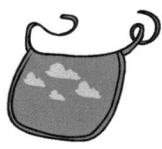

Śliniaczek

podbradak

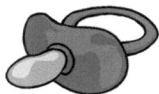

Smoczek

cucla

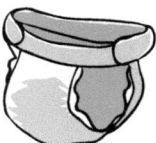

Pieluszka

pelene

Biuro
ured

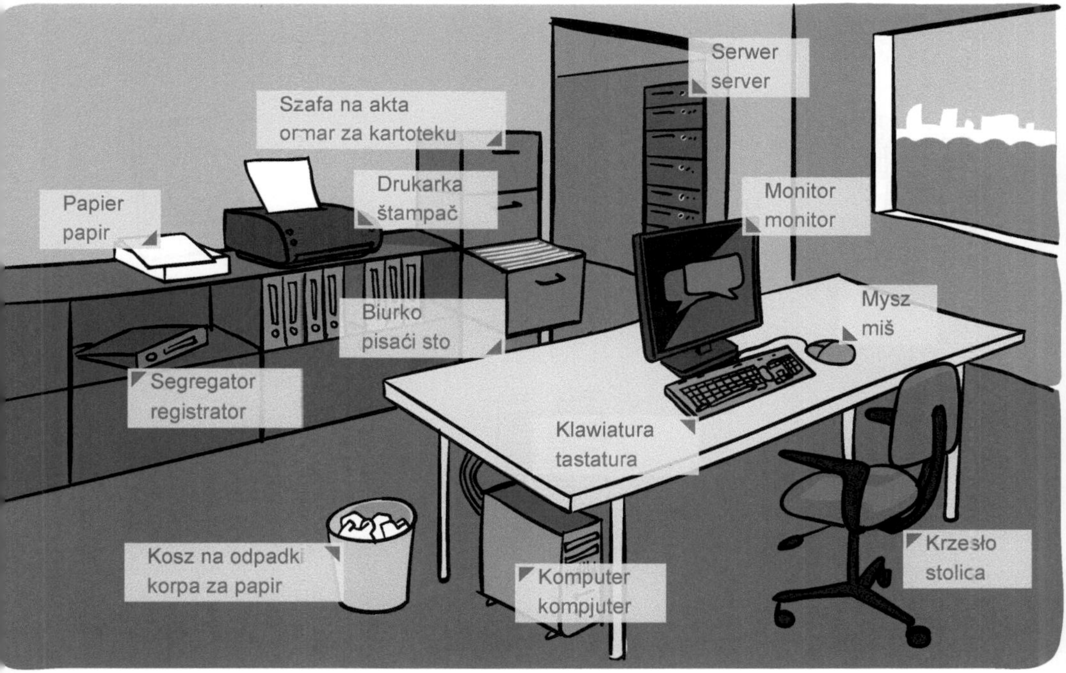

Serwer
server
Szafa na akta
ormar za kartoteku
Drukarka
štampač
Papier
papir
Monitor
monitor
Mysz
miš
Biurko
pisaći sto
Segregator
registrator
Klawiatura
tastatura
Kosz na odpadki
korpa za papir
Komputer
kompjuter
Krzesło
stolica

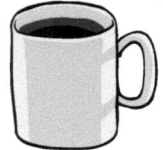

Filiżanka do kawy

šolja za kafu

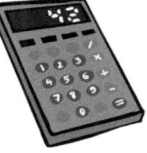

Kalkulator

kalkulator

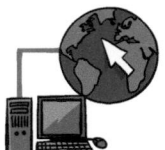

Internet

internet

Laptop

laptop

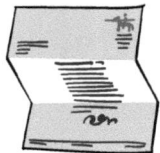

List

pismo

Wiadomość

poruka

Komórka

mobilni telefon

Sieć

mreža

Kopiarka

aparat za kopiranje

Oprogramowanie

softver

Telefon

telefon

Gniazdko

utičnica

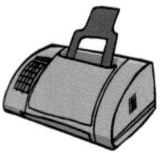

Faks

faks

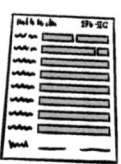

Formularz

formular

Dokument

dokument

kupić

kupovati

płacić

platiti

postępować

trgovati

Pieniądze

novac

 USD

Dolar

dolar

 EUR

Euro

euro

 JPY

Jen

jen

 RUB

Rubel

rublja

 CHF

Frank

franak

 CNY

Juan Renminbi

renminbi jen

 INR

Rupia

rupi

Bankomat

bankomat

Kantor wymiany walut

mjenjačnica

Złoto

zlato

Srebro

srebro

Olej

nafta

Energia

energija

Cena

cijena

Umowa

ugovor

Podatek

porez

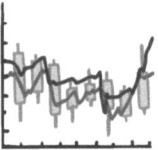

Akcja

akcija

pracować

raditi

Pracownik umysłowy

službenik

Pracodawca

poslodavac

Fabryka

fabrika

Sklep

radnja

Zawody
zanimanja

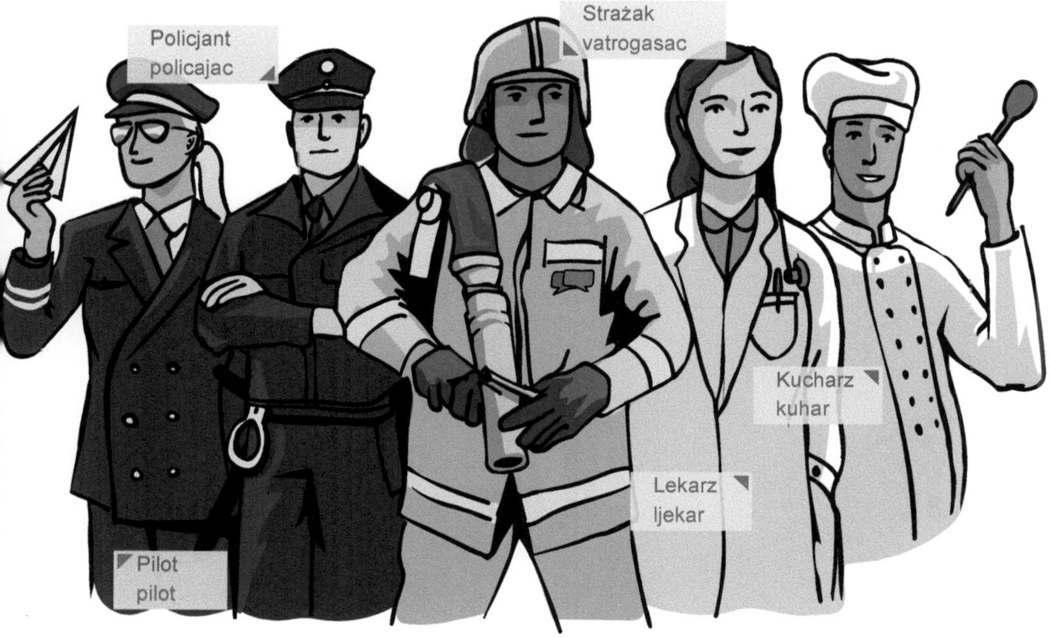

Policjant
policajac
Strażak
vatrogasac
Kucharz
kuhar
Lekarz
ljekar
Pilot
pilot

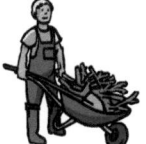

Ogrodnik

baštovan

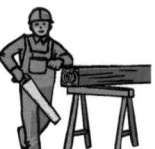

Stolarz

stolar

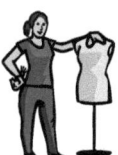

Krawcowa

krojačica

Sędzia

sudija

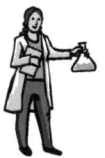

Chemik

hemičar

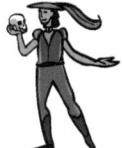

Aktor

glumac

Kierowca autobusu

vozač autobusa

Taksówkarz

vozač taksija

Fischer

ribar

Sprzątaczka

čistačica

Dekarz

krovopokrivač

Kelner

konobar

Myśliwy

lovac

Malarz

moler

Piekarz

pekar

Elektryk

električar

Robotnik budowlany

građevinski radnik

Inżynier

inženjer

Rzeźnik

koljač

Instalator

limar, vodoinstalater

Listonosz

poštar

Żołnierz

vojnik

Architekt

arhitekta

Kasjer

blagajnik

Florysta

cvjećar

Fryzjer

frizer

Konduktor

kontrolor

Mechanik

mehaničar

Kapitan

kapiten

Dentysta

zubar

Naukowiec

naučnik

Rabin

rabin

Imam

imam

Mnich

monah

Proboszcz

sveštenik

Narzędzia
alat

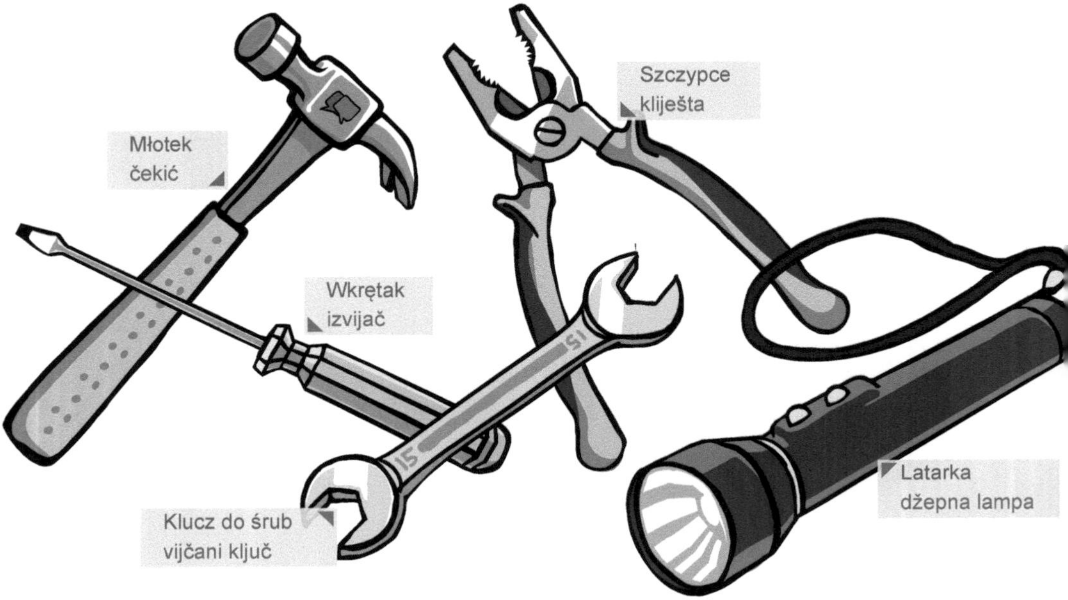
Szczypce
kliješta
Młotek
čekić
Wkrętak
izvijač
Latarka
džepna lampa
Klucz do śrub
vijčani ključ

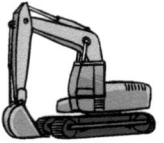

Koparka

bager

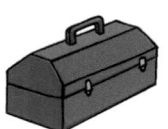

Skrzynka narzędziowa

kutija sa alatom

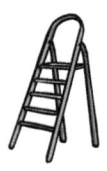

Drabina

ljestve

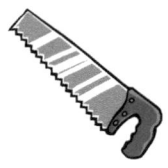

Piła

testera, pila

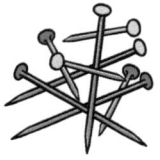

Gwoździe

ekser

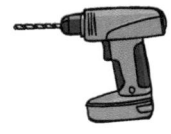

Wiertło

bušilica

naprawić
popraviti

Łopatka
lopata

Cholera!
sranje!

Szufelka
lopatica

Puszka z farbą
kanta boje

Śruby
vijak

Instrumenty muzyczne
muzički instrumenti

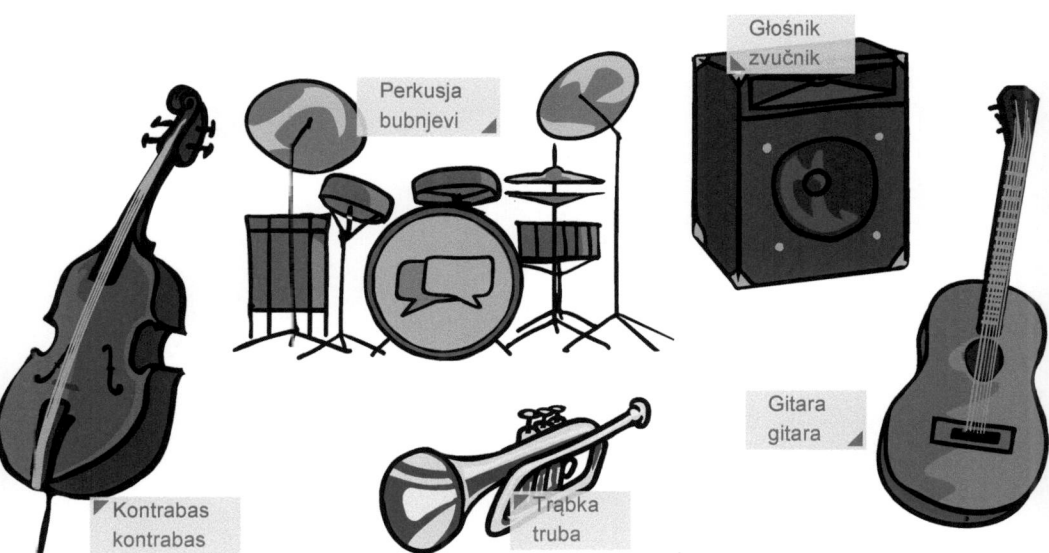

Perkusja
bubnjevi

Głośnik
zvučnik

Gitara
gitara

Kontrabas
kontrabas

Trąbka
truba

Pianino

klavir

Skrzypce

violina

Bas

bas

Kotły

bubanj timpani

Bęben

bubanj

Keyboard

sintisajzer

Saksofon

saksofon

Flet

flauta

Mikrofon

mikrofon

Zoo
zološki vrt

Tygrys
tigar
Wejście
ulaz
Klatka
kavez
Zebra
zebra
Pasza
hrana za životinje
Panda
panda

Zwierzęta
životinje

Słoń
slon

Kangur
kengur

Nosorożec
nosorog

Goryl
gorila

Niedźwiedź
medvjed

Wielbłąd

kamila

Struś

noj

Lew

lav

Małpa

majmun

Fleming

flamingo

Papuga

papagaj

Niedźwiedź polarny

polarni medvjed

Pingwin

pingvin

Rekin

morski pas

Paw

paun

Wąż

zmija

Krokodyl

krokodil

Dozorca w zoo

čuvar u zološkom vrtu

Foka

tuljan

Jaguar

jaguar

Kucyk

poni

Gepard

leopard

Hipopotam

nilski konj

Żyrafa

żirafa

Orzeł

orao

Dzik

divlja svinja

Ryba

riba

Żółw

kornjača

Mors

morž

Lis

lisica

Gazela

gazela

Futbol amerykański
američki fudbal

Kolarstwo
vožnja bicikla

Tenis
tenis

Koszykówka
košarka

Pływanie
plivanje

Boks
boks

Hokej na lodzie
hokej na ledu

Piłka nożna
fudbal

Badminton
bedminton

Lekka atletyka
laka atletika

Piłka ręczna
rukomet

Narciarstwo
skijanje

Polo
polo

Działania
aktivnosti

śmiać się
smijati se
skakać
skakati
objąć
zagrliti
iść
ići
śpiewać
pjevati
marzyć
sanjati
modlić się
moliti
całować
ljubiti

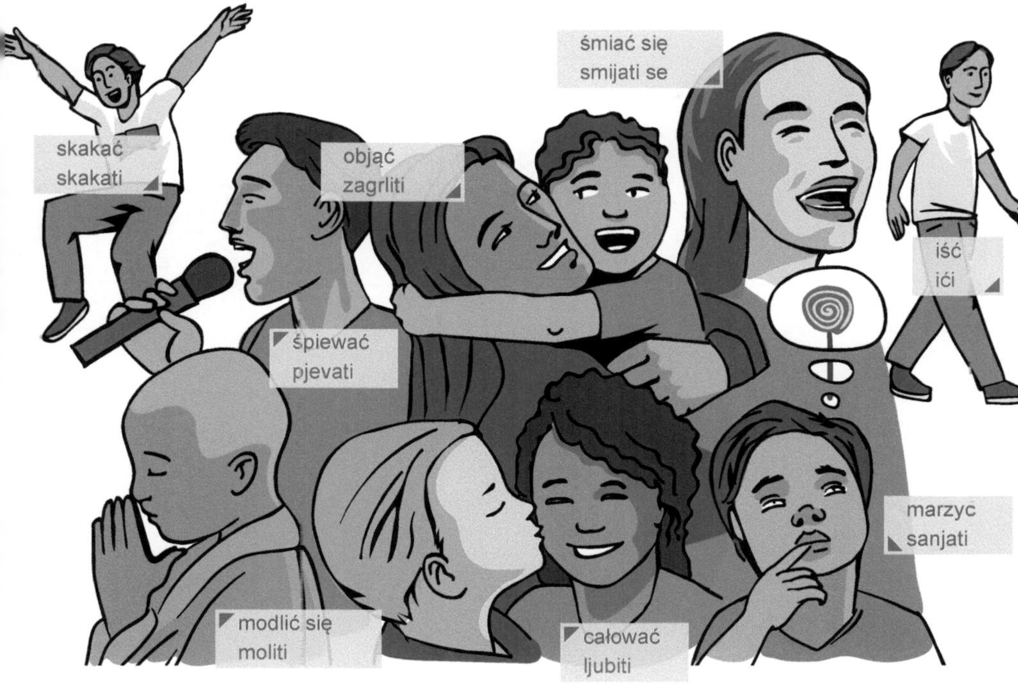

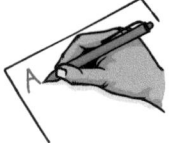

pisać
pisati

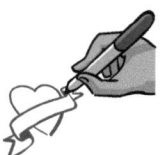

rysować
crtati

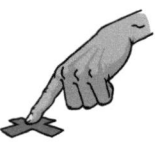

pokazywać
pokazati

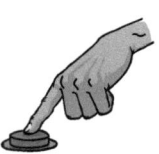

nacisnąć
gurati

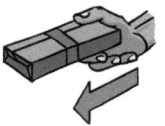

dać
dati

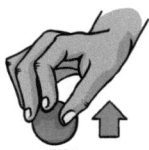

wziąć
uzeti

mieć
imati

robić
raditi

być
biti

stać
stajati

biegać
trčati

ciągnąć
vući

rzucać
baciti

spaść
pasti

leżeć
ležati

czekać
čekati

nosić
nositi

siedzieć
sjediti

zakładać
obući

spać
spavati

budzić się
probuditi

spojrzeć

pogledati

płakać

plakati

głaskać

milovati

czesać się

češljati

mówić

govoriti

rozumieć

razumjeti

pytać

pitati

słyszeć

slušati

pić

piti

jeść

jesti

sprzątać

pospremiti

kochać

voljeti

gotować

kuhati

jechać

voziti

latać

letjeti

żeglować

jedriti

liczyć

računati

czytać

čitati

uczyć się

učiti

pracować

raditi

wejść w związek małżeński

vjenčavti

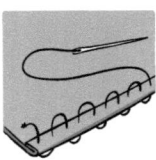

szyć

šiti

myć zęby

prati zube

zabić

ubiti

palić tytoń

pušiti

wysłać

slati

Rodzina
porodica

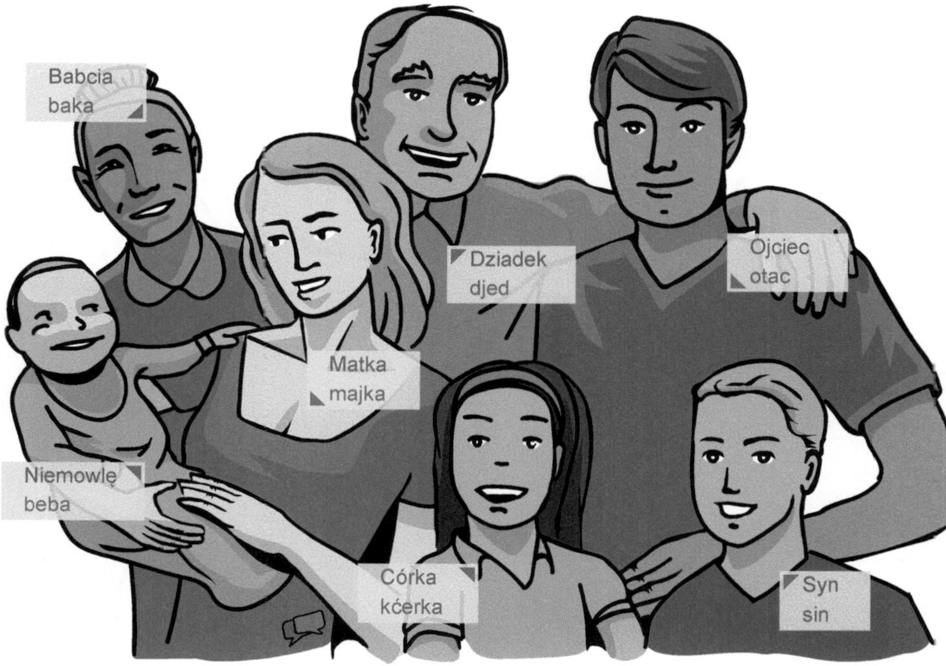

Babcia
baka
Dziadek
djed
Ojciec
otac
Matka
majka
Niemowlę
beba
Córka
kćerka
Syn
sin

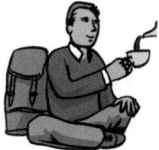

Gość

gost

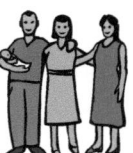

Ciotka

ujna, tetka, strina

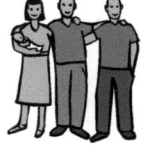

Wujek

ujak, tetak, stric

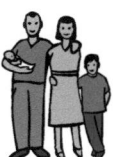

Brat

brat

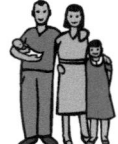

Siostra

sestra

Ciało

tijelo

Czoło
čelo
Oko
oko
Twarz
lice
Broda
brada
Pierś
grudi
Palec
prst
Ręka
ruka, šaka
Ramię
ruka
Ramię
leđa
Noga
noga

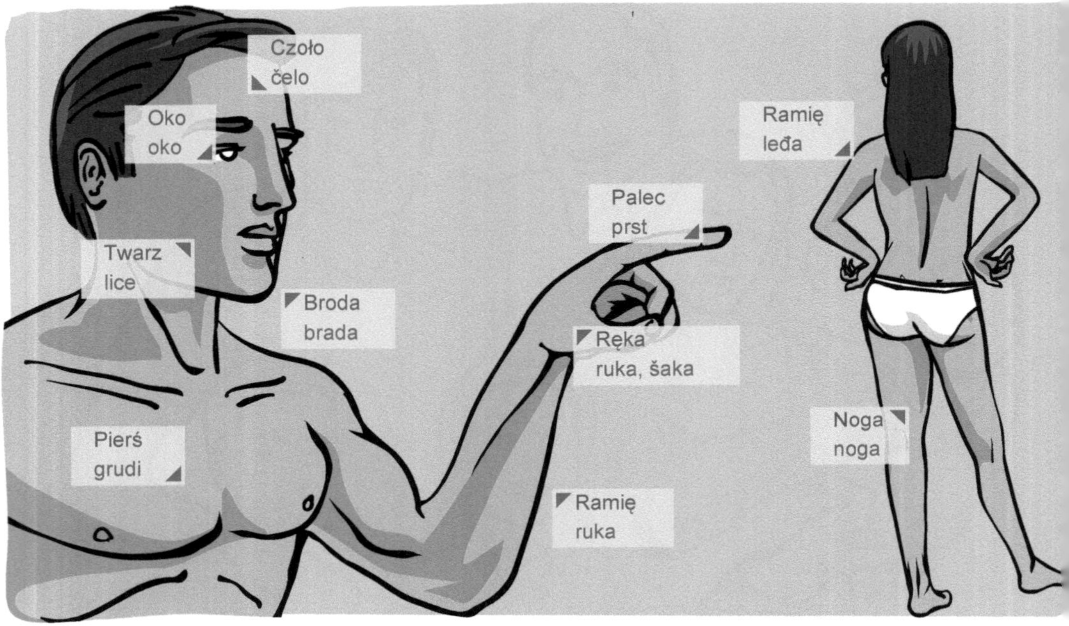

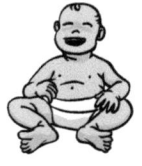

Niemowlę

beba

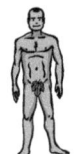

Mężczyzna

muškarac

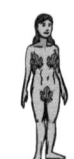

Kobieta

žena

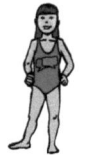

Dziewczyna

djevojčica

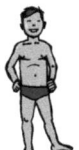

Chłopiec

dječak

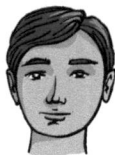

Głowa

glava

Plecy

leđa

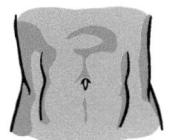

Brzuch

stomak

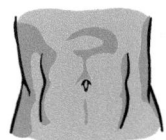

Pępek

pupak

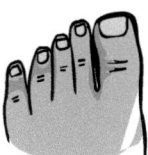

palec nogi

nožni prst

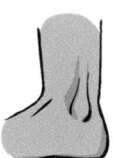

Pięta

peta

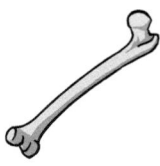

Kość

kosti

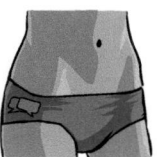

Biodro

kuk

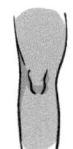

Kolano

koljeno

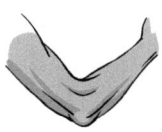

Łokieć

lakat

Nos

nos

Pośladki

stražnjica

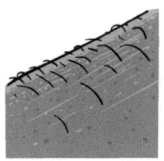

Skóra

koža

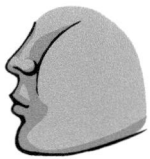

Policzek

obraz

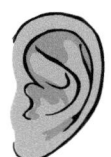

Uszy

uho

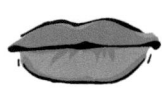

Warga

usna

Usta

usta

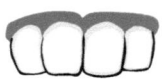

Ząb

zub

Język

jezik

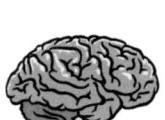

Mózg

mozak

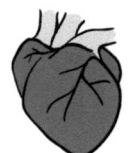

Serce

srce

Mięsień

mišić

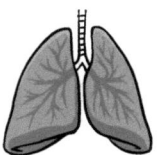

Płuca

pluća

Wątroba

jetra

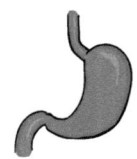

Żołądek

želudac

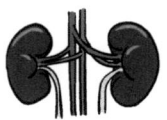

Nerki

bubreg

Stosunek płciowy

spolni odnos

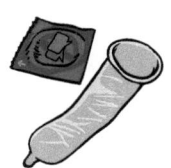

Kondom

kondom

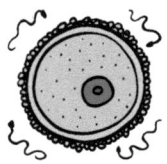

Komórka jajowa

jajna ćelija

Sperma

sperma

Ciąża

trudnoća

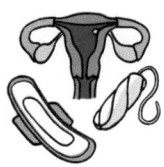

Menstruacja

menstruacija

Wagina

vagina

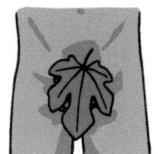

Penis

penis

Brew

obrva

Włosy

kosa

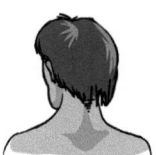

Szyja

vrat

Szpital
bolnica

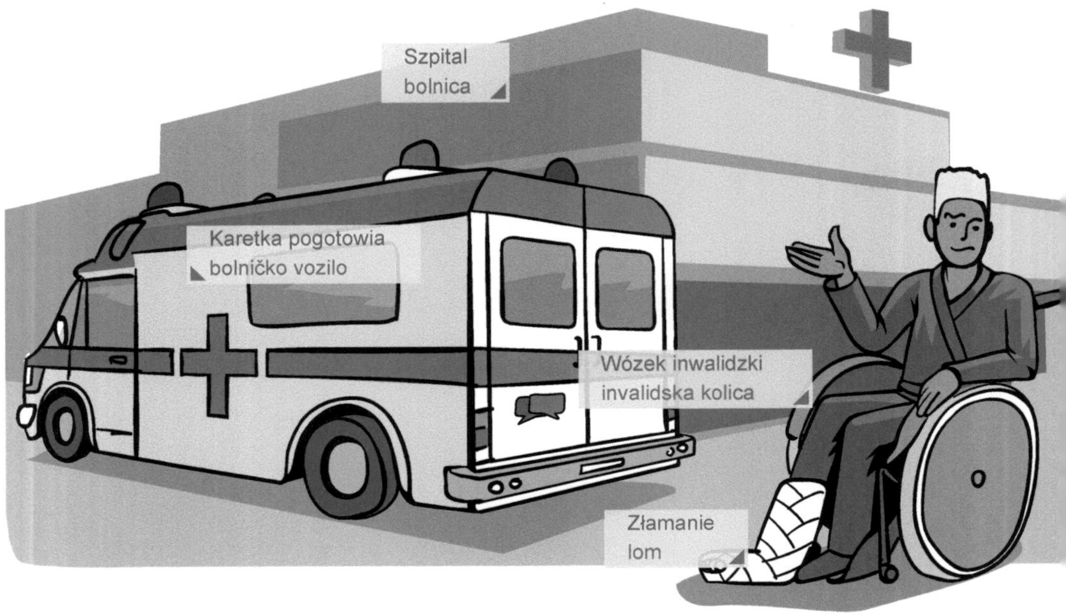

Szpital
bolnica
Karetka pogotowia
bolničko vozilo
Wózek inwalidzki
invalidska kolica
Złamanie
lom

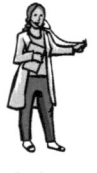

Lekarz

ljekar

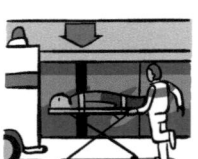

Izba przyjęć

hitna služba

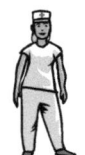

Pielęgniarka

medicinska sestra

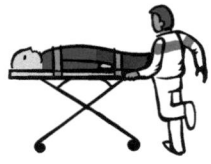

Nagły przypadek

hitna pomoć

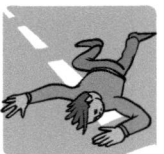

nieprzytomny

nesvjest

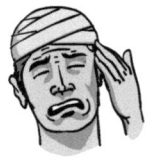

Ból

bol

Skaleczenie

povreda

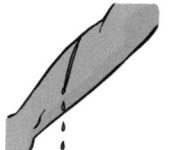

Krwawienie

krvarenje

Zawał serca

srčani udar, infarkt

Udar mózgu

moždani udar

Alergia

alergija

Kaszleć

kašalj

Gorączka

groznica

Grypa

gripa

Biegunka

proljev

Ból głowy

glavobolja

Rak

rak

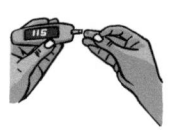

Cukrzyca

dijabetes

Chirurg

hirurg

Skalpel

skalpel

Operacja

operacija

CT
CT

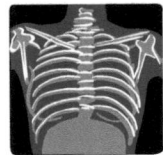

Rentgen
rendgen

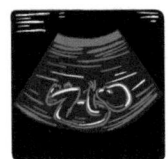

Ultradźwięki
ultrazvuk

Maska
maska

Choroba
bolest

Poczekalnia
čekaonica

Kula
štake

Plaster
flaster

Opatrunek
zavoj

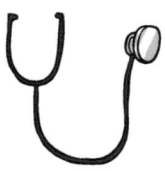

Iniekcja
injekcija

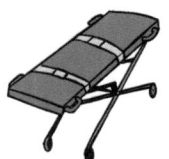

Stetoskop
stetoskop

Nosze
nosilo

Termometr
termometar

Poród
porod

Nadwaga
prekomjerna težina, debljina

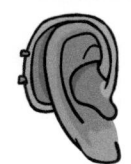

Aparat słuchowy

slušni aparat

Środek dezynfekcyjny

sredstvo za dezinfekciju

Infekcja

infekcija

Wirus

virus

HIV / AIDS

HIV/ AIDS

Medycyna

medicina

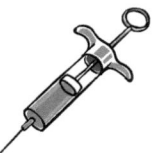

Szczepienie

vakcinacija

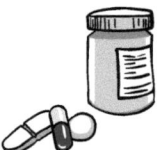

Tabletki

tablete

Pigułka

pilula

Telefon ratunkowy

hitni poziv

Ciśnieniomierz krwi

aparat za mjerenje pritiska

chory / zdrowy

bolestan / zdrav

Pomocy!

Upomoć!

Alarm

alarm

Napad

napad, prepad

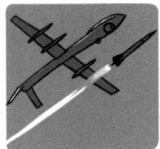

Atak

napad

Niebezpieczeństwo

opasnost

Wyjście awaryjne

izlaz u slučaju opasnosti

Pożar!

Pożar!

Gaśnica

vatrogasni aparat

Wypadek

nezgoda

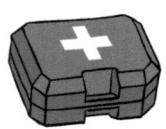

Walizeczka pierwszej
pomocy
torba prve pomoći

SOS

SOS

Policja

policija

Europa

Europa

Ameryka Północna

Sjeverna Amerika

Ameryka Południowa

Južna Amerika

Afryka

Afrika

Azja

Azija

Australia

Australija

Atlantyk

Atlantik

Pacyfik

Pacifik

Ocean Indyjski

Indijski okean

Ocean Antarktyczny

Antarktički okean

Ocean Arktyczny

Arktički okean

Biegun północny

Sjeverni pol

Biegun południowy

Jужni pol

Antarktyda

Antarktik

Ziemia

Zemlja

Kraj

zemlja

Morze

more

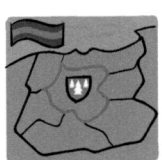

Wyspa

ostrvo

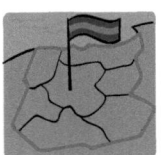

Naród

nacija

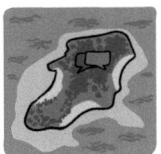

Państwo

država

Cyferblat

brojčanik sata

Wskazówka godzinowa

kazaljka sata

Wskazówka minutowa

kazaljka minute

Wskazówka sekundowa

kazaljka sekunde

Która godzina?

Koliko je sati?

Dzień

dan

Czas

vrijeme

teraz

sada

Zegarek digitalny

digitalni sat

Minuta

minuta

Godzina

sat

Tydzień
sedmica, nedjelja

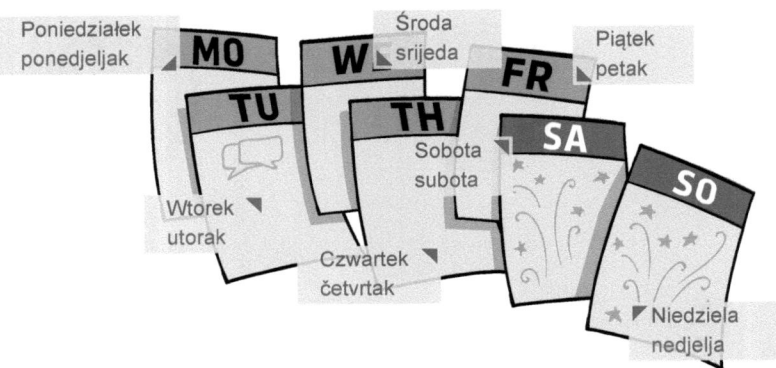

Poniedziałek
ponedjeljak

MO

TU

Wtorek
utorak

Środa
srijeda

W

TH

Czwartek
četvrtak

Sobota
subota

FR

SA

Piątek
petak

SO

Niedziela
nedjelja

wczoraj
....
juče

dzisiaj
....
danas

jutro
....
sutra

Rano
....
jutro

Południe
....
podne

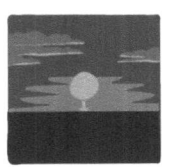

Wieczór
....
veče

MO	TU	WE	TH	FR	SA	SU
1	2	3	4	5	6	7
8	9	10	11	12	13	14
15	16	17	18	19	20	21
22	23	24	25	26	27	28
29	30	31	1	2	3	4

Dni robocze
....
radni dani

MO	TU	WE	TH	FR	SA	SU
1	2	3	4	5	6	7
8	9	10	11	12	13	14
15	16	17	18	19	20	21
22	23	24	25	26	27	28
29	30	31	1	2	3	4

Weekend
....
vikend

Rok
godina

Deszcz
kiša
Tęcza
duga
Wiatr
vjetar
Śnieg
snijeg
Wiosna
proljeće
Lato
ljeto
Jesień
jesen
Zima
zima

4.APRIL 11°
5.APRIL 4°
6.APRIL 13°
7.APRIL 8°
8.APRIL 10°

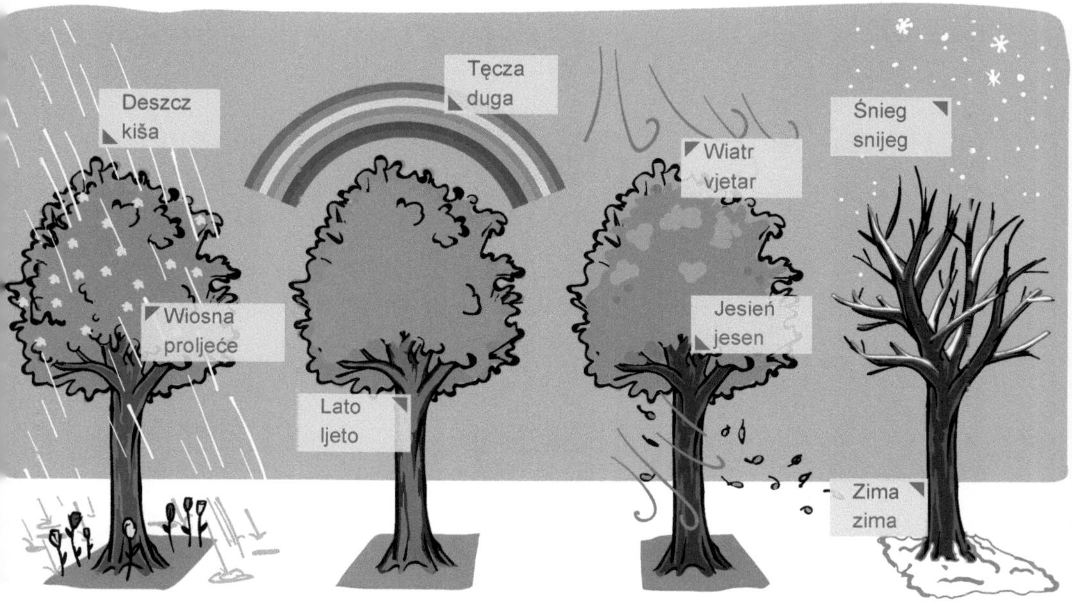

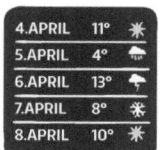

Prognoza pogody

prognoza vremena

F
C
120
90
60
30
0
-30
40
30
20
10
0
-10
-20

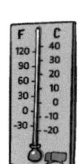

Termometr

termometar

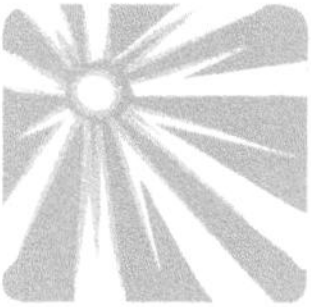

Światło słoneczne

sunčev sjaj

Chmura

oblak

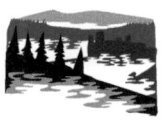

Mgła

magla

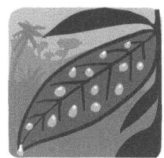

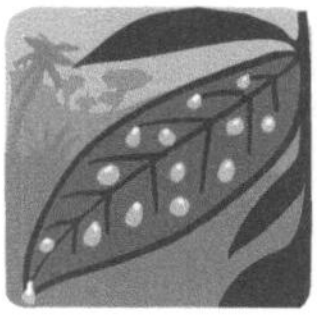

Wilgotność powietrza

vlažnost vazduha

Błyskawica

munja

Grzmot

grom

Sztorm

oluja

Grad

tuča, led

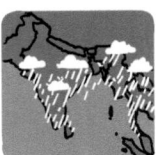

Monsun

monsun

Potop

poplava

Lód

led

Styczeń

januar

Luty

februar

Marzec

mart

Kwiecień

april

Maj

maj

Czerwiec

juni

Lipiec

juli

Sierpień

avgust

Wrzesień
....
septembar

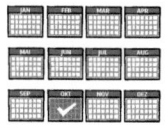

Październik
....
oktobar

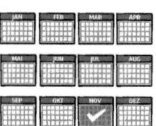

Listopad
....
novembar

Grudzień
....
decembar

Kształty
oblici

Koło
....
krug

Kwadrat
....
kvadrat

Prostokąt
....
pravougao

Trójkąt
....
trougao

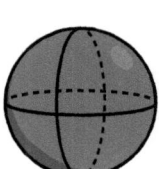

Kula
....
kugla

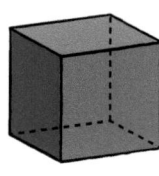

Sześcian
....
kocka

biały

bjel

żółty

żut

pomarańczowy

narandžast

różowy

pink

czerwony

crven

liliowy

ljubičast

niebieski

plav

zielony

zelen

brązowy

smeđ

szary

siv

czarny

crn

dużo / mało

malo / mnogo

wściekły / spokojny

ljutit / miran

piękny / brzydki

lijep / ružan

początek / koniec

početak / kraj

duży / mały

veliki / mali

jasny / ciemny

svijetlo / tamno

brat / siostra

brat / sestra

czysty / brudny

čist / prljav

kompletny / niekompletny

potpun / nepotpun

dzień / noc

dan / noć

umarły / żywy

mrtav / živ

szeroki / wąski

široko / usko

jadalny / niejadalny

ukusno / neukusno

zły / uprzejmy

zao / prijatan

podniecony / znudzony

uzbuđen / dosadan

gruby / chudy

debeo / mršav

najpierw / na końcu

najprije / najkasnije

przyjaciel / wróg

prijatelj / neprijatelj

pełen / pusty

pun / prazan

twardy / miękki

trvd / mekan

ciężki / lekki

težak / lagan

głód / pragnienie

glad / žeđ

chory / zdrowy

bolestan / zdrav

nielegalny / legalny

ilegalan / legalan

inteligentny / głupi

inteligentan / glup

lewo / prawo

lijevo / desno

bliski / daleki

blizu / daleko

nowy / używany

nov / polovan

nic / coś

ništa / nešto

stary / młody

star / mlad

włącz / wyłącz

uključeno / isključeno

otwarty / zamknięty

otvoreno / zatvoreno

cichy / głośny

tiho / glasno

bogaty / biedny

bogat / siromašan

prawidłowy / błędny

tačno / pogrešno

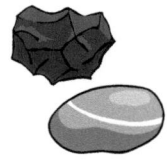

chropowaty / gładki

hrapav / glatak

smutny / szczęśliwy

tužan / srećan

krótki / długi

kratak / dug

powolny / szybki

spor / brz

mokry/suchy

mokro / suho

ciepły / chłodny

toplo / hladno

wojna / pokój

rat / mir

brojevi

0

zero

nula

1

jeden

jedan

2

dwa

dva

3

trzy

tri

4

cztery

četiri

5

pięć

pet

6

sześć

šest

7

siedem

sedam

8

osiem

osam

9

dziewięć

devet

10

dziesięć

deset

11

jedenaście

jedanaest

12

dwanaście

dvanaest

13

trzynaście

trinaest

14

czternaście

četrnaest

15

piętnaście

petnaest

16

szesnaście

šesnaest

17

siedemnaście

sedamnaest

18

osiemnaście

osamnaest

19

dziewiętnaście

devetnaest

20

dwadzieścia

dvadeset

100

sto

sto

1.000

tysiąc

hiljada

1.000.000

milion

milion

Angielski

engleski

Angielski amerykański

američki engleski

Chiński mandaryński

kinesko mandarinski

Hindi

hindi

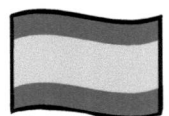

Hiszpański

španski

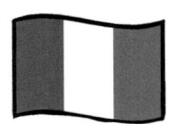

Francuski

francuski

Arabski

arapski

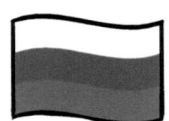

Rosyjski

ruski

Portugalski

portugalski

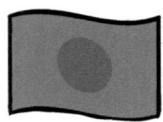

Bengalski

bengalski

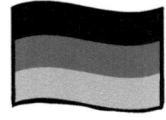

Niemiecki

njemački

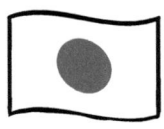

Japoński

japanski

ja

ja

ty

ti

on / ona / ono

on / ona / ono

my

mi

wy

vi

oni

oni

kto?

ko?

co?

šta?

jak?

kako?

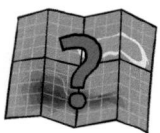

gdzie?

gdje?

kiedy?

kada?

Nazwisko

ime

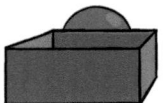

za
....
iza

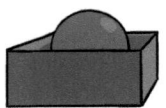

w
....
u

przed
....
pred

powyżej
....
iznad

na
....
na

pod
....
ispod

obok
....
pored

między
....
između

Miejsce
....
mjesto